U0577485

中华人民共和国
青藏高原生态保护法

（2023 年 4 月 26 日第十四届全国人民代表大会
常务委员会第二次会议通过）

人民出版社

目　　录

中华人民共和国主席令

第五号

《中华人民共和国青藏高原生态保护法》已由中华人民共和国第十四届全国人民代表大会常务委员会第二次会议于 2023 年 4 月 26 日通过,现予公布,自 2023 年 9 月 1 日起施行。

中华人民共和国主席　习近平

2023 年 4 月 26 日

中华人民共和国
青藏高原生态保护法

（2023 年 4 月 26 日第十四届全国人民代表大会
常务委员会第二次会议通过）

目　　录

第一章　总　　则

第一条　为了加强青藏高原生态保护,防控生态风险,保障生态安全,建设国家生态文明高地,促进经济社会可持续发展,实现人与自然和谐共生,制定本法。

第二条　从事或者涉及青藏高原生态保护相关活动,适用本法;本法未作规定的,适用其他有关法律的规定。

本法所称青藏高原,是指西藏自治区、青海省的全部行政区域和新疆维吾尔自治区、四川省、甘肃省、云南省的相关县级行政区域。

第三条　青藏高原生态保护应当尊重自然、顺应自然、保护自然;坚持生态保护第一,自然恢复为主,守住自然生态安全边界;坚持统筹协调、分类施策、科学防控、系统治理。

第四条　国家建立青藏高原生态保护协调机制,统筹指导、综合协调青藏高原生态保护工作,审议青藏高原生态保护重大政策、重大规划、重大项目,协调跨地区跨部门重大问题,督促检查相关重要工作的落实情况。

国务院有关部门按照职责分工,负责青藏高原生态保护相关工作。

第五条 青藏高原地方各级人民政府应当落实本行政区域的生态保护修复、生态风险防控、优化产业结构和布局、维护青藏高原生态安全等责任。

青藏高原相关地方根据需要在地方性法规和地方政府规章制定、规划编制、监督执法等方面加强协作,协同推进青藏高原生态保护。

第六条 国务院和青藏高原县级以上地方人民政府应当将青藏高原生态保护工作纳入国民经济和社会发展规划。

国务院有关部门按照职责分工,组织编制青藏高原生态保护修复等相关专项规划,组织实施重大生态修复等工程,统筹推进青藏高原生态保护修复等工作。青藏高原县级以上地方人民政府按照国家有关规定,在本行政区域组织实施青藏高原生态保护修复等相关专项规划。编制青藏高原生态保护修复等相关专项规划,应当进行科学论证评估。

第七条 国家加强青藏高原土地、森林、草原、河流、湖泊、湿地、冰川、荒漠、野生动植物等自然资源状况和生态环境状况调查,开展区域资源环境承载能力和国土空间开发适宜性评价,健全青藏高原生态环境、自然资源、生物多样性、水文、气象、地质、水土保持、自然灾害等监测网络体系,推进综合监测、协同监测和常态化监测。调查、评价和监测信息应当按照国家有关规定共享。

第八条 国家鼓励和支持开展青藏高原科学考察与研究,加强青藏高原气候变化、生物多样性、生态保护修复、水文水资源、雪山冰川冻土、水土保持、荒漠化防治、河湖演变、地质环境、自然灾害监测预警与防治、能源和气候资源开发利用与保护、生态系统碳汇等领域的重大科技问题研究和重大科技基础设施建设,推动长期研究工作,掌握青藏高原生态本底及其变化。

国家统筹布局青藏高原生态保护科技创新平台,加大科技专业人才培养力度,充分运用青藏高原科学考察与研究成果,推广应用先进适用技术,促进科技成果转化,发挥科技在青藏高原生态保护中的支撑作用。

第九条 国务院有关部门和地方各级人民政府应当采取有效措施,保护青藏高原传统生态文化遗产,弘扬青藏高原优秀生态文化。

国务院有关部门和地方各级人民政府应当加强青

藏高原生态保护宣传教育和科学普及,传播生态文明理念,倡导绿色低碳生活方式,提高全民生态文明素养,鼓励和支持单位和个人参与青藏高原生态保护相关活动。

新闻媒体应当采取多种形式开展青藏高原生态保护宣传报道,并依法对违法行为进行舆论监督。

第十条 对在青藏高原生态保护工作中做出突出贡献的单位和个人,按照国家有关规定予以表彰和奖励。

第二章 生态安全布局

第十一条 国家统筹青藏高原生态安全布局,推进山水林田湖草沙冰综合治理、系统治理、源头治理,实施重要生态系统保护修复重大工程,优化以水源涵养、生物多样性保护、水土保持、防风固沙、生态系统碳汇等为主要生态功能的青藏高原生态安全屏障体系,提升生态系统质量和多样性、稳定性、持续性,增强生态产品供给能力和生态系统服务功能,建设国家生态安全屏障战略地。

第十二条 青藏高原县级以上地方人民政府组织

编制本行政区域的国土空间规划,应当落实国家对青藏高原国土空间开发保护的有关要求,细化安排农业、生态、城镇等功能空间,统筹划定耕地和永久基本农田、生态保护红线、城镇开发边界。涉及青藏高原国土空间利用的专项规划应当与国土空间规划相衔接。

第十三条　青藏高原国土空间开发利用活动应当符合国土空间用途管制要求。青藏高原生态空间内的用途转换,应当有利于增强森林、草原、河流、湖泊、湿地、冰川、荒漠等生态系统的生态功能。

青藏高原省级人民政府应当加强对生态保护红线内人类活动的监督管理,定期评估生态保护成效。

第十四条　青藏高原省级人民政府根据本行政区域的生态环境和资源利用状况,按照生态保护红线、环境质量底线、资源利用上线的要求,从严制定生态环境分区管控方案和生态环境准入清单,报国务院生态环境主管部门备案后实施。生态环境分区管控方案和生态环境准入清单应当与国土空间规划相衔接。

第十五条　国家加强对青藏高原森林、高寒草甸、草原、河流、湖泊、湿地、雪山冰川、高原冻土、荒漠、泉域等生态系统的保护,巩固提升三江源(长江、黄河、澜沧江发源地)草原草甸湿地生态功能区、若尔盖草原湿地生态功能区、甘南黄河重要水源补给生态功能区、祁连山冰川与水源涵养生态功能区、阿尔金草原荒漠化防治生态功能区、川滇森林及生物多样性生态功能区、藏东南高原边缘森林生态功能区、藏西北羌塘高原荒漠生态功能区、珠穆朗玛峰生物多样性保护与水源涵养生态功能区等国家重点生态功能区的水源涵养、生物多样性保护、水土保持、防风固沙等生态功能。

第十六条 国家支持青藏高原自然保护地体系建设。国务院和青藏高原省级人民政府在青藏高原重要典型生态系统的完整分布区、生态环境敏感区以及珍贵濒危或者特有野生动植物天然集中分布区和重要栖息地、重要自然遗迹、重要自然景观分布区等区域,依法设立国家公园、自然保护区、自然公园等自然保护地,推进三江源、祁连山、羌塘、珠穆朗玛峰、高黎贡山、贡嘎山等自然保护地建设,保持重要自然生态系统原真性和完整性。

第十七条 青藏高原产业结构和布局应当与青藏高原生态系统和资源环境承载能力相适应。国务院有关部门和青藏高原县级以上地方人民政府应当按照国土空间规划要求,调整产业结构,优化生产力布局,优先发展资源节约型、环境友好型产业,适度发展生态旅游、特色文化、特色农牧业、民族特色手工业等区域特色生态产业,建立健全绿色、低碳、循环经济体系。

在青藏高原新建、扩建产业项目应当符合区域主体功能定位和国家产业政策要求,严格执行自然资源开发、产业准入及退出规定。

第三章　生态保护修复

第十八条　国家加强青藏高原生态保护修复,坚持山水林田湖草沙冰一体化保护修复,实行自然恢复为主、自然恢复与人工修复相结合的系统治理。

第十九条　国务院有关部门和有关地方人民政府加强三江源地区的生态保护修复工作,对依法设立的国家公园进行系统保护和分区分类管理,科学采取禁牧封育等措施,加大退化草原、退化湿地、沙化土地治理和水土流失防治的力度,综合整治重度退化土地;严格禁止破坏生态功能或者不符合差别化管控要求的各类资源开发利用活动。

第二十条　国务院有关部门和青藏高原县级以上地方人民政府应当建立健全青藏高原雪山冰川冻土保护制度,加强对雪山冰川冻土的监测预警和系统保护。

青藏高原省级人民政府应当将大型冰帽冰川、小规模冰川群等划入生态保护红线,对重要雪山冰川实施封禁保护,采取有效措施,严格控制人为扰动。

青藏高原省级人民政府应当划定冻土区保护范围,加强对多年冻土区和中深季节冻土区的保护,严格控制多年冻土区资源开发,严格审批多年冻土区城镇规划和交通、管线、输变电等重大工程项目。

青藏高原省级人民政府应当开展雪山冰川冻土与周边生态系统的协同保护,维持有利于雪山冰川冻土保护的自然生态环境。

第二十一条 国务院有关部门和青藏高原地方各级人民政府建立健全青藏高原江河、湖泊管理和保护制度,完善河湖长制,加大对长江、黄河、澜沧江、雅鲁藏布江、怒江等重点河流和青海湖、扎陵湖、鄂陵湖、色林错、纳木错、羊卓雍错、玛旁雍错等重点湖泊的保护力度。

青藏高原河道、湖泊管理范围由有关县级以上地方人民政府依法科学划定并公布。禁止违法利用、占用青藏高原河道、湖泊水域和岸线。

第二十二条 青藏高原水资源开发利用,应当符合流域综合规划,坚持科学开发、合理利用,统筹各类用水需求,兼顾上下游、干支流、左右岸利益,充分发挥水资源的综合效益,保障用水安全和生态安全。

第二十三条 国家严格保护青藏高原大江大河源头等重要生态区位的天然草原,依法将维护国家生态安全、保障草原畜牧业健康发展发挥最基本、最重要作用的草原划为基本草原。青藏高原县级以上地方人民政府应当加强青藏高原草原保护,对基本草原实施更加严格的保护和管理,确保面积不减少、质量不下降、用途不改变。

国家加强青藏高原高寒草甸、草原生态保护修复。青藏高原县级以上地方人民政府应当优化草原围栏建设,采取有效措施保护草原原生植被,科学推进退化草原生态修复工作,实施黑土滩等退化草原综合治理。

第二十四条 青藏高原县级以上地方人民政府及其有关部门应当统筹协调草原生态保护和畜牧业发展,结合当地实际情况,定期核定草原载畜量,落实草畜平衡,科学划定禁牧区,防止超载过牧。对严重退化、沙化、盐碱化、石漠化的草原和生态脆弱区的草原,实行禁牧、休牧制度。

草原承包经营者应当合理利用草原,不得超过核定的草原载畜量;采取种植和储备饲草饲料、增加饲草饲料供应量、调剂处理牲畜、优化畜群结构等措施,保持草畜平衡。

第二十五条 国家全面加强青藏高原天然林保护,严格限制采伐天然林,加强原生地带性植被保护,优化森林生态系统结构,健全重要流域防护林体系。国务院和青藏高原省级人民政府应当依法在青藏高原重要生态区、生态状况脆弱区划定公益林,实施严格管理。

青藏高原县级以上地方人民政府及其有关部门应当科学实施国土绿化,因地制宜,合理配置乔灌草植被,优先使用乡土树种草种,提升绿化质量,加强有害生物防治和森林草原火灾防范。

第二十六条 国家加强青藏高原湿地保护修复,增强湿地水源涵养、气候调节、生物多样性保护等生态功能,提升湿地固碳能力。

青藏高原县级以上地方人民政府应当加强湿地保护协调工作,采取有效措施,落实湿地面积总量管控目标的要求,优化湿地保护空间布局,强化江河源头、上中游和泥炭沼泽湿地整体保护,对生态功能严重退化的湿地进行综合整治和修复。

禁止在星宿海、扎陵湖、鄂陵湖、若尔盖等泥炭沼泽湿地开采泥炭。禁止开(围)垦、排干自然湿地等破坏湿地及其生态功能的行为。

第二十七条 青藏高原地方各级人民政府及其有关部门应当落实最严格耕地保护制度,采取有效措施提升耕地基础地力,增强耕地生态功能,保护和改善耕地生态环境;鼓励和支持农业生产经营者采取养用结合、盐碱地改良、生态循环、废弃物综合利用等方式,科学利用耕地,推广使用绿色、高效农业生产技术,严格控制化肥、农药施用,科学处置农用薄膜、农作物秸秆等农业废弃物。

第二十八条 国务院林业草原、农业农村主管部门会同国务院有关部门和青藏高原省级人民政府按照职责分工,开展野生动植物物种调查,根据调查情况提出实施保护措施的意见,完善相关名录制度,加强野生动物重要栖息地、迁徙洄游通道和野生植物原生境保护,对野牦牛、藏羚、普氏原羚、雪豹、大熊猫、高黎贡白眉长臂猿、黑颈鹤、川陕哲罗鲑、骨唇黄河鱼、黑斑原鲱、扁吻鱼、尖裸鲤和大花红景天、西藏杓兰、雪兔子等青藏高原珍贵濒危或者特有野生动植物物种实行重点保护。

国家支持开展野生动物救护繁育野化基地以及植

物园、高原生物种质资源库建设,加强对青藏高原珍贵濒危或者特有野生动植物物种的救护和迁地保护。

青藏高原县级以上地方人民政府应当组织有关单位和个人积极开展野生动物致害综合防控。对野生动物造成人员伤亡,牲畜、农作物或者其他财产损失的,依法给予补偿。

第二十九条　国家加强青藏高原生物多样性保护,实施生物多样性保护重大工程,防止对生物多样性的破坏。

国务院有关部门和青藏高原地方各级人民政府应当采取有效措施,建立完善生态廊道,提升生态系统完整性和连通性。

第三十条　青藏高原县级以上地方人民政府及其林业草原主管部门,应当采取荒漠化土地封禁保护、植被保护与恢复等措施,加强荒漠生态保护与荒漠化土地综合治理。

第三十一条　青藏高原省级人民政府应当采取封禁抚育、轮封轮牧、移民搬迁等措施,实施高原山地以及农田风沙地带、河岸地带、生态防护带等重点治理工程,提升水土保持功能。

第三十二条　国务院水行政主管部门和青藏高原

省级人民政府应当采取有效措施,加强对三江源、祁连山黑河流域、金沙江和岷江上游、雅鲁藏布江以及金沙江、澜沧江、怒江三江并流地区等重要江河源头区和水土流失重点预防区、治理区,人口相对密集高原河谷区的水土流失防治。

禁止在青藏高原水土流失严重、生态脆弱的区域开展可能造成水土流失的生产建设活动。确因国家发展战略和国计民生需要建设的,应当经科学论证,并依法办理审批手续,严格控制扰动范围。

第三十三条 在青藏高原设立探矿权、采矿权应当符合国土空间规划和矿产资源规划要求。依法禁止在长江、黄河、澜沧江、雅鲁藏布江、怒江等江河源头自然保护地内从事不符合生态保护管控要求的采砂、采矿活动。

在青藏高原从事矿产资源勘查、开采活动,探矿权人、采矿权人应当采用先进适用的工艺、设备和产品,选择环保、安全的勘探、开采技术和方法,避免或者减少对矿产资源和生态环境的破坏;禁止使用国家明令淘汰的工艺、设备和产品。在生态环境敏感区从事矿产资源勘查、开采活动,应当符合相关管控要求,采取避让、减缓和及时修复重建等保护措施,防止造成环境污染和生态破坏。

第三十四条 青藏高原县级以上地方人民政府应当因地制宜采取消除地质灾害隐患、土地复垦、恢复植被、防治污染等措施,加快历史遗留矿山生态修复工作,加强对在建和运行中矿山的监督管理,督促采矿权人依法履行矿山污染防治和生态修复责任。

在青藏高原开采矿产资源应当科学编制矿产资源开采方案和矿区生态修复方案。新建矿山应当严格按照绿色矿山建设标准规划设计、建设和运营管理。生产矿山应当实施绿色化升级改造,加强尾矿库运行管理,防范和化解环境和安全风险。

第四章　生态风险防控

第三十五条 国家建立健全青藏高原生态风险防控体系,采取有效措施提高自然灾害防治、气候变化应对等生态风险防控能力和水平,保障青藏高原生态安全。

第三十六条 国家加强青藏高原自然灾害调查评价和监测预警。

国务院有关部门和青藏高原县级以上地方人民政

府及其有关部门应当加强对地震、雪崩、冰崩、山洪、山体崩塌、滑坡、泥石流、冰湖溃决、冻土消融、森林草原火灾、暴雨(雪)、干旱等自然灾害的调查评价和监测预警。

在地质灾害易发区进行工程建设时,应当按照有关规定进行地质灾害危险性评估,及时采取工程治理或者搬迁避让等措施。

第三十七条　国务院有关部门和青藏高原县级以上地方人民政府应当加强自然灾害综合治理,提高地震、山洪、冰湖溃决、地质灾害等自然灾害防御工程标准,建立与青藏高原生态保护相适应的自然灾害防治工程和非工程体系。

交通、水利、电力、市政、边境口岸等基础设施工程建设、运营单位应当依法承担自然灾害防治义务,采取综合治理措施,加强工程建设、运营期间的自然灾害防治,保障人民群众生命财产安全。

第三十八条　重大工程建设可能造成生态和地质环境影响的,建设单位应当根据工程沿线生态和地质环境敏感脆弱区域状况,制定沿线生态和地质环境监测方案,开展生态和地质环境影响的全生命周期监测,包括工程开工前的本底监测、工程建设中的生态和地质环境影响监测、工程运营期的生态和地质环境变化与保护修复跟踪监测。

重大工程建设应当避让野生动物重要栖息地、迁徙洄游通道和国家重点保护野生植物的天然集中分布区;无法避让的,应当采取修建野生动物通道、迁地保护等措施,避免或者减少对自然生态系统与野生动植物的影响。

第三十九条　青藏高原县级以上地方人民政府应当加强对青藏高原种质资源的保护和管理,组织开展种质资源调查与收集,完善相关资源保护设施和数据库。

禁止在青藏高原采集或者采伐国家重点保护的天然种质资源。因科研、有害生物防治、自然灾害防治等需要采集或者采伐的,应当依法取得批准。

第四十条　国务院有关部门和青藏高原省级人民政府按照职责分工,统筹推进区域外来入侵物种防控,实行外来物种引入审批管理,强化入侵物种口岸防控,加强外来入侵物种调查、监测、预警、控制、评估、清除、生态修复等工作。

任何单位和个人未经批准,不得擅自引进、释放或者丢弃外来物种。

第四十一条　国家加强对气候变化及其综合影响的监测,建立气候变化对青藏高原生态系统、气候系统、水资源、珍贵濒危或者特有野生动植物、雪山冰川冻土和自然灾害影响的预测体系,完善生态风险报告和预警机制,强化气候变化对青藏高原影响和高原生态系统演变的评估。

青藏高原省级人民政府应当开展雪山冰川冻土消融退化对区域生态系统影响的监测与风险评估。

第五章　保障与监督

第四十二条　国家加大对青藏高原生态保护修复的财政投入,中央财政安排专项资金用于青藏高原生态保护修复、生态风险防控等。中央预算内投资对青藏高原基础设施和基本公共服务设施建设予以倾斜。

青藏高原县级以上地方人民政府应当加大资金投入力度,重点支持青藏高原生态保护修复工程建设。

第四十三条　国家加大财政转移支付力度,通过提高转移支付系数、加计生态环保支出等方式,对青藏高原生态功能重要区域予以补偿。青藏高原省级人民政府应当将生态功能重要区域全面纳入省级对下生态保护补偿转移支付范围，促进生态保护同民生改善相结合。

国家通过开展自然资源统一确权登记，探索确定青藏高原生态产品权责归属，健全生态产品经营开发机制，鼓励青藏高原特色生态产品区域公用品牌创建，形成多元化的生态产品价值实现路径。

第四十四条 国家为青藏高原生态保护提供支持，实行有利于节水、节能、水土保持、环境保护和资源综合利用的金融、税收政策，鼓励发展绿色信贷、绿色债券、绿色保险等金融产品。

国家鼓励和支持公益组织、社会资本参与青藏高原生态保护修复工作，开展生态产品开发、产业发展、科技创新、技术服务等活动。

第四十五条 国家支持在青藏高原因地制宜建设以风电、光伏发电、水电、水风光互补发电、光热、地热等清洁能源为主体的能源体系，加强清洁能源输送通道建设，推进能源绿色低碳转型。

除保障居民用电和巩固边防需要外，禁止在青藏高原新建小水电项目。

第四十六条 在青藏高原发展生态旅游应当符合资源和生态保护要求,尊重和维护当地传统文化和习俗,保护和合理利用旅游资源。

地方各级人民政府及其有关部门应当按照国家有关规定,科学开发青藏高原生态旅游产品、设计旅游路线,合理控制游客数量和相关基础设施建设规模。

组织或者参加青藏高原旅游、山地户外运动等活动,应当遵守安全规定和文明行为规范,符合区域生态旅游、山地户外运动等管控和规范要求;禁止破坏自然景观和草原植被、猎捕和采集野生动植物。

组织或者参加青藏高原旅游、山地户外运动等活动,应当自行带走产生的垃圾或者在指定地点投放;禁止随意倾倒、抛撒生活垃圾。

第四十七条 青藏高原县级以上地方人民政府应当根据区域资源环境承载能力,统筹推进交通、水利、能源等重大基础设施建设和生活污水、垃圾收集处理等环境基础设施建设,加强城市内部以及周边毗邻地带生态保护修复,统筹规划城乡社区综合服务设施建设,加快推进基本公共服务均等化。

青藏高原地方各级人民政府应当采取有效措施,推进农村生活污水和垃圾治理,推进农村卫生厕所改造和乡村绿化,持续改善农村人居环境,塑造乡村风貌,建设生态宜居美丽乡村。

第四十八条　国务院有关部门和青藏高原县级以上地方人民政府有关部门按照职责分工,对青藏高原生态保护各类活动进行监督检查,查处违法行为,依法公开青藏高原生态保护工作相关信息,完善公众参与程序。

单位和个人有权依法举报和控告污染青藏高原环境、破坏青藏高原生态的违法行为。

第四十九条　国务院有关部门和青藏高原县级以上地方人民政府及其有关部门应当加强青藏高原生态保护监督管理能力建设,提高科技化、信息化水平,建立执法协调机制,对重大违法案件和跨行政区域、生态敏感区域的违法案件,依法开展联合执法。

第五十条　国家实行青藏高原生态保护绩效评价考核制度,将环境质量提升、生态保护成效、生态产品供给能力等纳入指标体系。

第五十一条　国家加强青藏高原生态保护司法保障建设,鼓励有关单位为青藏高原生态保护提供法律服务。

青藏高原各级行政执法机关、人民法院、人民检察院在依法查处青藏高原生态保护违法行为或者办理自然资源与生态环境损害赔偿诉讼、公益诉讼等过程中，发现存在涉嫌犯罪行为的，应当将犯罪线索移送具有侦查、调查职权的机关。

第五十二条　青藏高原县级以上地方人民政府应当定期向本级人民代表大会或者其常务委员会报告本级人民政府青藏高原生态保护工作情况。

第六章　法律责任

第五十三条　国务院有关部门和地方各级人民政府及其有关部门违反本法规定，在履行相关职责中有玩忽职守、滥用职权、徇私舞弊行为的，对直接负责的主管人员和其他直接责任人员依法给予警告、记过、记大过或者降级处分；造成严重后果的，给予撤职或者开除处分，其主要负责人应当引咎辞职。

第五十四条　违反本法规定，在青藏高原有下列行为之一的，依照有关法律法规的规定从重处罚：

（一）在国家公园内从事资源开发利用活动造成生态破坏；

（二）在星宿海、扎陵湖、鄂陵湖、若尔盖等泥炭沼泽湿地开采泥炭或者开(围)垦、排干自然湿地；

（三）在水土流失严重、生态脆弱的区域开展可能造成水土流失的生产建设活动；

（四）采集或者采伐国家重点保护的天然种质资源；

（五）擅自引进、释放或者丢弃外来物种；

（六）破坏自然景观或者草原植被；

（七）猎捕、采集国家或者地方重点保护野生动植物。

第五十五条 违反本法规定，利用、占用青藏高原河道、湖泊水域和岸线的，由县级以上人民政府水行政主管部门责令停止违法行为，限期拆除并恢复原状，处五万元以上五十万元以下罚款；逾期不拆除或者不恢复原状的，强制拆除或者代为恢复原状，所需费用由违法者承担。

第五十六条 违反本法规定，在长江、黄河、澜沧江、雅鲁藏布江、怒江等江河源头自然保护地内从事不符合生态保护管控要求的采矿活动的，由自然资源、生态环境主管部门按照职责分工，责令改正，没收违法所得和直接用于违法开采的设备、工具；违法所得十万元以上的，并处违法所得十倍以上二十倍以下罚款；违法所得不足十万元的,并处十万元以上一百万元以下罚款。

第五十七条　违反本法规定,建设单位新建小水电项目的,由县级以上地方人民政府责令停止建设,根据违法情节和危害后果,责令恢复原状,处建设项目总投资额百分之一以上百分之五以下罚款。

第五十八条　违反本法规定,在旅游、山地户外运动中随意倾倒、抛撒生活垃圾的,由环境卫生主管部门或者县级以上地方人民政府指定的部门责令改正,对个人处一百元以上五百元以下罚款,情节严重的,处五百元以上一万元以下罚款;对单位处五万元以上五十万元以下罚款。

第五十九条　污染青藏高原环境、破坏青藏高原生态造成他人损害的,侵权人应当承担侵权责任。

违反国家规定造成青藏高原生态环境损害的,国家规定的机关或者法律规定的组织有权请求侵权人承担修复责任、赔偿损失和相关费用。

第六十条　违反本法规定,构成违反治安管理行为的,依法给予治安管理处罚;构成犯罪的,依法追究刑事责任。

第七章　附　　则

第六十一条　本法第二条第二款规定的相关县级行政区域,由国务院授权的部门确定。

第六十二条　青藏高原省、自治区和设区的市、自治州可以结合本地实际,制定青藏高原生态保护具体办法。

第六十三条　本法自 2023 年 9 月 1 日起施行。

图书在版编目（CIP）数据

中华人民共和国青藏高原生态保护法.—北京：人民出版社，
　2023.5
ISBN 978－7－01－025669－6

Ⅰ.①中…　Ⅱ.　Ⅲ.①青藏高原-生态环境-环境保护法-
　中国　Ⅳ.①D922.68

中国国家版本馆 CIP 数据核字（2023）第 079190 号

中华人民共和国青藏高原生态保护法
ZHONGHUA RENMIN GONGHEGUO
QINGZANG GAOYUAN SHENGTAI BAOHU FA

人民出版社 出版发行
（100706　北京市东城区隆福寺街 99 号）

北京中科印刷有限公司印刷　新华书店经销

2023 年 5 月第 1 版　2023 年 5 月北京第 1 次印刷
开本：880 毫米×1230 毫米 1/32　印张：1
字数：16 千字

ISBN 978－7－01－025669－6　定价：6.00 元

邮购地址　100706　北京市东城区隆福寺街 99 号
人民东方图书销售中心　电话（010）65250042　65289539